はじめましての方も、そうではない方も、どうも！ぼくです！
このたびは、本書を手に取ってくださり、本当にありがとうございます。

『ぼくのおやつ』から丁度半年。
まさか、2巻を出すことができるとは思いませんでした。
お話をいただいた時は、よろこびのあまり、大地が揺らぐほど飛び跳ねました。

作る過程が文字だけのレシピに対して、想像がつきにくい、難しそう、
あまり作る意欲が湧かない…などと思っていたので
『誰でも、気軽に、楽しく料理をしてほしい』という願いを込めて
この絵本のようなレシピ本を描きました。
また、みんなに手軽に作っていただきたいので、オーブンは使用せず、
フライパンと電子レンジで作れるレシピになっています。

前回の本を出版した直後、たくさんの『作ったよ！』という声をいただいたのですが、
中でもうれしかったのは「子供ととても楽しく作らせていただきました！」や、
「子供が、マロくんのレシピなんだよね！と、とてもうれしそうに食べてくれます」という
家族団らんの様子が伝わってくるお言葉でした。

改めて、料理は、家族や友達との絆を深めてくれるのだなぁと実感しました。

美味しく作るためのコツはいくつかありますが、あまり難しく考えずに、
楽しく料理をしたおやつを食べて、笑顔になっていただけたらうれしいです。

boku.

キャラクター紹介

CONTENTS

- 2 　はじめに
- 3 　キャラクター紹介
- 6 　レシピを作る前に

1章　フカフカふんわりおやつ

- 8 　風味がよいパンを焼きたい!!
- 10　レンジとフライパンでフカフカ白パン
- 12　白パン生地でフカフカくるくるパン！
- 14　発酵20分だけ！　明太マヨチーズパン
- 16　発酵20分だけ！　カレーソーセージパン
- 18　シュワっととろけるフカフカオムレット
- 20　フライパンで絶品!!　マドレーヌ
- 22　フワッとさわやか〜！　レモンマフィン
- 24　フワッとんんんまい〜スフレチーズケーキ
- 26　フワフワほろっ…さつまいもケーキ
- 28　食パンでくるくる〜カリッ！　クイニーアマン

- 30　**COLUMN 1**　イースト菌パワー

2章　ザクザクポリポリおやつ

- 32　レンジでカンタンザクザク焼きチョコ
- 34　材料は3つだけ！　ホワイトチョコクッキー
- 36　フライパンでカリカリ！　チーズスナック
- 38　おからで絶品！　アップルクランブルケーキ
- 40　ホワイトチョコで濃厚！　チーズクランブルケーキ
- 42　サクッ！　ポリッ！　カンタン！　かりんとう
- 44　ポリポリが止まらない！　いもけんぴ

- 46　**COLUMN 2**　カンタンすぎるグミ

3章 とろ～りとろけるおやつ

- 48 焼かない！カンタン！生チョコレートタルト
- 50 焼かない！カンタン！カスタードチーズタルト
- 52 材料2つでフワフワ～チョコアイス
- 54 フワフワ濃厚！クリーミーチーズジェラート／さっぱりヨーグルトジェラート
- 56 混ぜて冷やすだけ！プルプル豆花
- 58 焼かない！ふるふる！カスタードチーズケーキ

- 60 **COLUMN 3** すの入らないプリン

4章 しっとり濃厚なおやつ

- 62 生クリーム不使用のお手軽生チョコレート
- 64 小麦粉不使用！ホワイトチョコチーズケーキ
- 66 作業時間は20分！クリームチーズでティラミス
- 68 フライパンでできちゃう！しっとりブラウニ～！
- 70 しっとり！ミルキーないもようかん
- 72 フライパンでお手軽！かぼちゃチーズケーキ

- 74 **COLUMN 4** 炊飯器でさつまいも

5章 モチモチヘルシー豆腐のおやつ

- 76 もっちもちフワフワ～！豆腐パンケーキ
- 78 ノンエッグで更にもっちり豆腐パンケーキ
- 80 材料2つ！カンタン！モチモチ豆腐ドーナツ
- 82 ノンオイル・モッチモチきなこホワイトチョコカップケーキ
- 84 豆腐の力でずっとモチ！かわいい手まりすあま
- 86 豆腐でプルプル～シナモンかぼちゃケーキ
- 88 プルプル食感!! 豆腐チョコケーキ

- 90 **COLUMN 5** ごはんでお餅
- 94 みんなのおやつ大集合～!!

1章 フカフカふんわりおやつ

定番人気の白パンとそのアレンジパン、
シュワっと美味しい
オムレツやスフレなど、
毎日食べたいものばかり！

レンジとフライパンでフカフカ白パン

カンタンなのに本格的なできたてパンが味わえちゃう！

材料（4個分）
- 牛乳…65cc
- ドライイースト…3g
- 砂糖…10g
- 卵…1/2個（25g）
- 薄力粉…30g
- 強力粉…90g
- 塩…1〜2g

1

まずは牛乳を500Wの電子レンジで30秒チン！

耐熱ボウルに牛乳→ドライイースト→砂糖→卵→薄力粉と強力粉→塩の順に加え、その都度ぐるぐる混ぜよう。

うーん！ぬるい！
一度触ってぬるいか確認してみて！

イースト菌たちの養分は砂糖だから、早めにあげなきゃね〜！

……。 みんな〜ごはんですよ〜

2

ダマがなくなるまで混ぜたら、耐熱ボウルにぬれ布巾をかけて、200Wの電子レンジで30秒チン！

まぜまぜ

ファサッ…

よしっ！

チン！

さぁ、更にぐるぐる混ぜるよ〜！ 打ち粉をした台やまな板に生地を出し、4等分して丸めよう。

うぉぉぉぉ…

ベタついて大変だったら生地の上からも打ち粉をかけよう〜

3

クッキングシートを10cm×10cmの正方形に4枚切ったら**2**の生地をそれぞれのせ、電子レンジの中に入れてぬれ布巾をかけ、200Wで30秒チンしよう。

そのまま扉を開けずに20分放置!!!

4

電子レンジからクッキングシートごと生地を取り出し、布巾をはずして…

そのままフライパンの上にのせ、フタをして極弱火で15〜20分焼こう!

白パン生地でフカフカぐるぐるパン！

ジャムを入れてぐるぐるねじれば見た目もCUTE！

材料（1個分）
- 牛乳…65cc
- ドライイースト…3g
- 砂糖…10g
- 卵…1/2個（25g）
- 薄力粉…30g
- 強力粉…90g
- 塩…1〜2g
- ジャム…約30g

1

牛乳を500Wの電子レンジで30秒チンしたら、耐熱ボウルに移し、ドライイースト→砂糖→卵→薄力粉と強力粉→塩の順に加えよう。その都度ぐるぐる混ぜてね！

美味しくな〜れ！ 美味しくな〜れ！

2

耐熱ボウルにぬれ布巾をかけて200Wの電子レンジで30秒チンしたら、更にぐるぐる混ぜよう。打ち粉をした台やまな板に生地を出し、長方形にのばしたら真ん中にジャムを塗って三つ折りに！

のばして〜 塗って〜 パタン！パタン！

三つ折りのまま、縦3等分に切ったら、1つずつねじる。それをぐるぐる丸めながら3つともつなげて、うずまき状にしよう。

スッ… ねじねじ〜 ぐるぐるつなげて〜！

3

クッキングシートを15cm×15cmの正方形に1枚切ったら、2の生地をシートの上にのせる。電子レンジの中に入れてぬれ布巾をかけ、200Wで30秒チン！そのまま扉を開けずに20分放置。

4

電子レンジからクッキングシートごと生地を取り出し、布巾をはずしてそのままフライパンの上にのせ、フタをして極弱火で15〜20分焼こう！

生地を指で軽く押して、上の部分が生じゃなかったら焼けているよ〜!!

かんせい

ジャム以外にあんこやカレーを巻いても!!

いろんなジャムで作ってみてね

見た目がオシャレ！

発酵20分だけ！明太マヨチーズパン

明太子とマヨネーズとチーズの組み合わせはテッパン！

材料（4個分）
- 牛乳…65cc
- ドライイースト…3g
- 砂糖…20g
- 卵…1/2個(25g)
- 薄力粉…20g
- 強力粉…100g
- 塩…1〜2g
- 明太子(薄皮はのぞく)…50g
- マヨネーズ…20g
- ピザ用チーズ…適量
- 刻みのり…適量

1 牛乳を500Wの電子レンジで30秒チンしたら、耐熱ボウルに移し、ドライイースト→砂糖→卵→薄力粉と強力粉→塩の順に加えよう。その都度ぐるぐる混ぜてね！

2 耐熱ボウルにぬれ布巾をかけて200Wの電子レンジで30秒チンしたら、更にぐるぐる混ぜる。打ち粉をした台やまな板に生地を出し、4等分して丸めよう。

3 クッキングシートを10cm×10cmの正方形に4枚切ったら、生地をそれぞれにのせて電子レンジに入れ、ぬれ布巾をかける。200Wで30秒チンしたら、そのまま扉を開けずに20分放置。

発酵20分だけ！カレーソーセージパン

小さいお子様から大人まで、みんな大喜びのカレー味！

材料（4個分）
- 牛乳…65cc
- ドライイースト…3g
- 砂糖…20g
- 卵…1/2個(25g)
- 薄力粉…20g
- 強力粉…100g
- 塩…1〜2g
- ソーセージ…4本

A
- カレー粉…3g
- 粗挽き黒こしょう…少々
- 粉末バジル…少々

- ケチャップ、マスタード…好みで

1 牛乳を500Wの電子レンジで30秒チンしたら、耐熱ボウルに移し、ドライイースト→砂糖→卵→薄力粉と強力粉→塩の順に加えよう。その都度ぐるぐる混ぜてね！

2 1にAを加えてよくこねたら、ぬれ布巾をかけて200Wの電子レンジで30秒チン！更にぐるぐる混ぜ、打ち粉をした台やまな板に生地を出し、4等分して丸めよう。

生地をそれぞれ細長くのばし、ソーセージのまわりをぐるっと巻いていこう！

3

クッキングシートを10cm×10cmの正方形に4枚切ったら、生地をそれぞれにのせて電子レンジに入れ、ぬれ布巾をかけて200Wで30秒チン！ そのまま扉を開けずに20分待つよ。

4

布巾をはずし、フライパンにクッキングシートごと3を入れ、フタをして極弱火で20分焼こう。焼きあがったら、好みでケチャップとマスタードをかけてね！

パン生地を巻かずに上にソーセージをのせるだけでも作れるよ！

シュワっととろける フカフカオムレット

フワフワの生地とフワフワの生クリームに癒されてね。

材料（1個分）
- 卵…1個
- バター…5g
- 塩…ほんの少し
- 生クリーム…好きなだけ

A
- 砂糖…10g
- 牛乳…5cc
- 薄力粉…10g
- ベーキングパウダー…2g

1
卵を卵黄と卵白にわけ、別々のボウルに入れる。卵黄のボウルに溶かしたバターとAを入れ、ダマにならないように混ぜよう！

ジャン!!
薄力粉とベーキングパウダーの代わりに、ホットケーキミックス12gでもOKだよ〜!!

溶かしバターはレンジで10秒ほどチンすればできる!!

2
卵白のボウルに塩を入れて泡立て、しっかりとしたメレンゲを作ろう。1にメレンゲを2〜3回にわけて入れ、泡が消えないようにサックリと混ぜてね！

ゴムベラでサックリと!!

生地を切る感じで！

ここで上手にふくらむかどうかが決まる…

ブクリ…

温めたフライパンにクッキングシートを敷き、生地を流し入れてフタをして、弱火で3分焼こう。焼けたら生地の上にクッキングシートをもう1枚のせ、ひっくり返して更に3分焼く！

フッフッフッ

テフロン加工のフライパンならば、クッキングシートを使わなくても作れるよ!!

アチチ アチチ

ひっくり返す時はフワフワが潰れないようやさしく！そーっと！

3

生地が冷めたらクッキングシートをそっとはがし、泡立てた生クリームをはさんで半分に折って完成！

フライパンで絶品!! マドレーヌ

バターの香りとしっとりした食感がたまらない！

材料（小アルミカップ6個分）

A:
- 薄力粉…40g
- 砂糖…30g
- アーモンドプードル…10g

- 卵…1個
- バター…50g
- ベーキングパウダー…2g
- バニラエッセンス…少々

1

ボウルにAを入れ、溶きほぐした卵を2回にわけて加え、混ぜる。

粉物を先に入れてから水気の多いものを入れた方がダマになりにくいよ〜

アーモンドプードルが美味しさの秘訣！！

2

1に溶かしたバター、ベーキングパウダー、バニラエッセンスを加えて更に混ぜよう！

バターは様子を見ながら20秒ずつレンジでチン！

ベーキングパウダーを入れてからは、混ぜすぎないこと！

サックリサックリ

厚手のアルミカップに生地を注ぐよ。

こんなもんかなぁ…

生地は、焼くとふくらむので、入れすぎないでね〜

お弁当用の薄いアルミカップだと、火が入りすぎたり、生地を入れると広がっちゃう！

ドロ〜

あーあー…

フワッとさわやか～！レモンマフィン

食べるたびにさわやかな香りが口いっぱいに広がる！

材料（3～4個分）
- バター…50g
- 砂糖…40g
- レモン汁…10cc
- レモンの皮…1/2個分

A
- 卵…1個
- 薄力粉…50g
- ベーキングパウダー…3g

1
ボウルに常温に戻したバターと砂糖を入れてすり混ぜ、レモン汁とすりおろしたレモンの皮を加えよう。

バターはレンジで10秒チンすれば扱いやすいよ～

皮は黄色い部分だけすりおろそう～!!

2
1のボウルにAを加え、サックリと混ぜる。

卵は溶いてから入れよう!!
とりゃっ!!

ゴムベラでダマにならないように混ぜ合わせるよ

上の部分を1/3切り取った紙コップに生地を流し入れよう！

カポッ
トロ～

厚みのあるマドレーヌ用のアルミカップでも作れるよ

紙コップを3等分する　1/3を切り取る！　7～8分目まで入れる

3

フライパンに2の紙コップを並べ、フタをして極弱火で20〜30分焼いてね！

ジャーン！

表面が乾いていたら焼けているよ〜!!

かんせい

ファイ！オー！ファイ！オー！

ペリペリ

温かくても冷めても美味しい！さわやかな酸味がよい〜！

アレンジ！

さらにオシャレで美味しく！レモンアイシング！

- 粉砂糖 25g
- レモン汁 7〜10g

紙コップを、わざと手で破いたり、スタンプを押すとカッコイイ♪！

ヌリヌリ

「Maro」MUFFIN

よっ！

フワッとんんんまい〜 スフレチーズケーキ

フワッと軽い口当たりなのにしっかり濃厚で大満足！

材料（6個分）

●卵黄液
- クリームチーズ…100g
- A
  - 砂糖…20g
  - 卵黄…1個分
  - 牛乳…30cc
  - レモン汁…小さじ2

●メレンゲ
- 卵白…1個分
- 塩…ほんの少し
- 砂糖…10g

- 薄力粉…15g

1

酸味が苦手な方はレモン汁を小さじ1にしてみてね！

まず、卵黄液を作ろう！クリームチーズを電子レンジで20秒程チンしてやわらかくしたらボウルに入れ、Aを加えて混ぜる。

2

次にメレンゲを作るよ！別のボウルに卵白と塩を入れて泡立て、しっかりとしたメレンゲを作る。砂糖を加え、更に泡立て、ツヤのあるメレンゲを作ろう。

メレンゲは混ぜすぎるとボソボソしてきて失敗してしまうんだ…

泡立て器を一度止めて、ツノを作った時にピンッとたって、おじぎをするくらいが丁度よいメレンゲの合図!!

1のボウルにメレンゲを2〜3回にわけて入れ、サックリと混ぜる。薄力粉をふるい入れ、ダマにならないように更に混ぜるよ。

ゴムベラで、サックリサックリ
メレンゲの泡を潰さないように混ぜよう〜

3

上の部分を1/3切り取った紙コップに生地を等分に流し入れ、フライパンに並べ、フタをして極弱火で25分程焼こう!

フライパンの高さが合わない場合は、鍋で代用できるよ!

焼き終えた直後はふくらんでいるけれど冷やすと縮むよ!

冷蔵庫で十分に冷やして召し上がれ〜!

かんせい

どうぞっ!!

ありがとう!ありがとう!

フワフワッ
軽いのに濃厚〜!!!

アレンジ!

抹茶チーズケーキ
(抹茶パウダーを3g加える)

チョコチーズケーキ
(レモン汁を抜く 板チョコ1枚(約50g)溶かしたものを、1に加える)

ホワイトチョコチーズケーキ
(レモン汁はあっても!抜いても!ホワイト板チョコ1枚(約50g)溶かしたものを、1に加える)

フワフワほろっ…さつまいもケーキ

小麦粉不使用ならではのほろっとした食感を楽しんで。

材料（3個分）

- ●卵黄液
  - ■皮をむいたさつまいも…100g
  - A｛ バター…30g / 卵黄…1個分 / 砂糖…20g / ごま…好きなだけ ｝
- ●メレンゲ
  - ■卵白…1個分
  - ■塩…ほんの少し
  - ■砂糖…10g

1

まず、卵黄液を作ろう！ さつまいもを輪切りにして少量の水と一緒に耐熱皿に入れ、ラップをして電子レンジで3分チン！ 温かいうちにボウルに入れてよく潰し、Aを加え、混ぜる。

バターを加えた後、一度こすと、も～っと美味しくなるよ～！
大変だけどなめらかになる！
よいしょよいしょ
ごまは好きなだけ加えてあげて！
ぼくは多めに入れるよ～

2

次にメレンゲを作るよ！ 別のボウルに卵白と塩を入れて泡立て、しっかりとしたメレンゲを作る。砂糖を加え、更に泡立て、ツヤのあるメレンゲを作ろう。

塩を加えることで卵白のたんぱく質が固まってメレンゲが作りやすくなる
逆さにしても落ちてこな～い
ヒョイッ
砂糖を入れた後、光沢が出てくるのがわかるよ～！
ピカ ピカ

1のボウルにメレンゲを2～3回にわけて入れ、サックリと混ぜる！

一度に混ぜるとメレンゲの泡がたくさん潰れてしまうんだ…
チャッ チャッ

食パンでぐるぐる〜カリッ！ クイニーアマン

カリカリジュワ〜な旨さに手が止まらない〜〜〜！

材料（12個分）
- 食パン（6枚切り）…2枚
- **A** バター…60g
  砂糖…50g

1

縦にお願いします！

食パンをそれぞれ6等分にしたら、ぐるぐる巻いて、つまようじでとめよう！

ぐるぐる〜　ヒュン！

Point!
耳の部分と中の部分では、巻く方向が違う方がキレイにできるよ〜!!

両端の2本は、茶色の部分が外側になるように！
その他はこの向き！

パンによって、巻くと千切れやすいものもあります…
そんな時は巻かずに24等分に切って作ってみてね！

こんな感じ！

2

フライパンに**A**を入れ、ゆすりながら中火で加熱しよう。油と砂糖が分離していくので、キツネ色より少し濃いめの色になるまで焦がし、火を止めてね！

この色！

バターは、マーガリンで代用できるよ〜!!

赤茶は焦げすぎ！
キツネ色は加熱不足！

3 2のフライパンに1を並べ、弱火で両面焼く。焼き終えたら、ケーキクーラーや大きめの皿に重ならないように並べて冷やそう〜!

十分に冷え固まったらつまようじを抜こう〜

しみしみ〜

オォォ!

スッ

かんせい

外は**カリカリ**中は**ふんわり**

ヤーッ

アレンジ!

アーモンドクイニーアマン
3で刻んだアーモンドをお好みで加える

お菓子用のアーモンドダイスを使えば楽チン!

シナモンクイニーアマン
3で、キツネ色になってきたら上からお好みでふりかける

エッ エッ

COLUMN1
イースト菌パワー

フワフワパンの秘訣はイースト菌！ 入れないと、大変なことに！

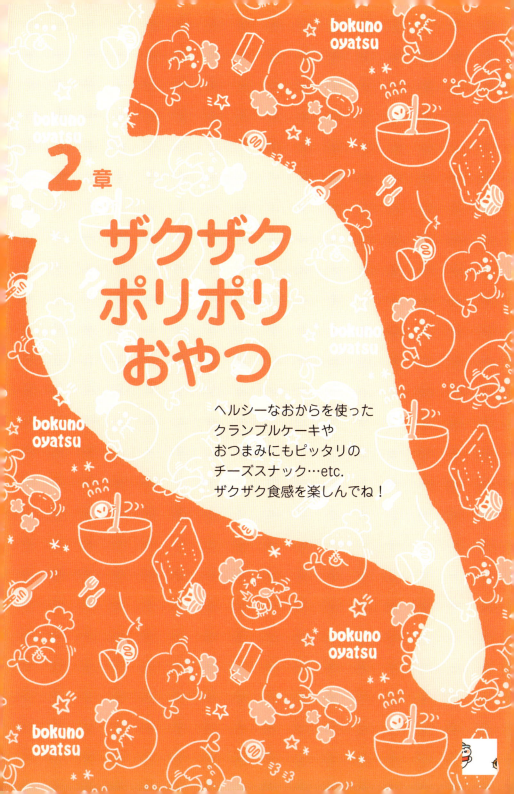

2章 ザクザクポリポリおやつ

ヘルシーなおからを使った
クランブルケーキや
おつまみにもピッタリの
チーズスナック…etc.
ザクザク食感を楽しんでね！

レンジでカンタン ザクザク焼きチョコ

レンジだけで歯ごたえが美味しい焼きチョコが完成！

材料（6〜8個分）
- 板チョコ…1枚（50〜60g）
- 薄力粉…10g
- 片栗粉…10g
- ナッツ…好きなだけ

1 板チョコを細かく刻み、湯せんして溶かそう〜！

フライパンで水をアチチ！ってくらいまで温めたら火を止めて、チョコが入った器を入れて溶かすよ

器は高さがある方が水が入りづらいので、よいよーっ!!!

2 1に薄力粉、片栗粉、刻んだナッツを加えて、混ぜ合わせる。

粉はふるわなくてもよく混ざるよ！

ナッツが苦手な方は入れなくてもOK！
ぼくは20gくらい、くるみやアーモンドを入れるよーっ

3 クッキングシートにスプーンで2を500円玉サイズにのせたら、電子レンジで1分10秒〜1分40秒チン！ 細かいヒビが入っていたら、できあがった証拠!!

ナッツを入れなかったなら絞り袋で絞り出すとキレイにできる〜！

スプーンを2本使えば上手くまとめられるよ！

point: 焼きムラになりにくいチョコの置き方

中央が生になりやすいので ×

ターンテーブルのレンジならほぼ均一に熱が入るので ○

4

冷蔵庫で十分冷やしてから食べよう！

冷やしてきまーす!!

かんせい この食感！やみつき!! ザクッ ザクッ

オーブンをお持ちの方は160℃で12〜13分焼くとできるよっっ

レンジよりもヒビ割れはしない！

パラパラ

仕上げに粉砂糖をふりかけるとオシャレー！

材料は3つだけ！ホワイトチョコクッキー

あっという間にできる、材料3つだけのお手軽レシピ！

材料（10枚分）
- ホワイト板チョコ…1枚（40g）
- 薄力粉…6g
- 片栗粉…6g

1

ホワイト板チョコを細かく刻み、湯せんして溶かそう～！

湯せんが面倒だったらレンジで30秒チンしては混ぜるをくり返して溶かすとよいよ！

一気に長時間加熱すると失敗するので注意!!

な、な、なんだってー!?

2

1に薄力粉、片栗粉を加えて、よく混ぜ合わせる。

ムラがないようによく混ぜよう!!

粉はふるわなくてOKだーっ

ネー…頑張ってるなぁ…

3

クッキングシートにスプーンで2を500円玉サイズに落とし、のばそう。

スプーンの背でぐるぐる～って円を描くように形を整えるとかわいいよ♪

絞り袋を使って絞り出してもかわいい！

スプーンで落とす

円を描くように

ぐるぐるの完成！

4

フライパンの上に3をクッキングシートごとのせ、フタをして弱火で3～5分焼くよ。まわりが少し焦げてきたら、取り出して冷蔵庫でよ～く冷やしてね！

フライパンでカリカリ！チーズスナック

やみつきになるカリカリスナック。おつまみにもどうぞ！

材料（1〜2人分）

A
- 薄力粉…150g
- 粉チーズ…30g
- 塩…1g

- 水…25cc
- オリーブオイル…25cc

1

ボウルにAを入れて混ぜよう。

どんどん入れて〜
うぉぉぉぉ〜

2

1に水、オリーブオイルを加えて混ぜる。まとまってきたら打ち粉をした台やまな板に生地を出し、めん棒で3mm程の厚さにのばそう！

もし、パサつきすぎなら水を足してペタペタなら薄力粉を足してみてね

空き瓶でものばせるよ〜

3

生地にフォークで穴をあけ、好みの大きさにカット！クッキングシートを敷いたフライパンに並べ、フタをして弱火で片面8分ずつ、両面焼こう〜！

フォークで穴をあけることを**ピケ**って言うよ〜！焼いた時にふくらんでヒビ割れるのを防いでくれるんだ！

生地をのばしたら　穴をあけて　カットして　焼く!!

好みの焼き色になるまで中火で更に焼いて、完成！

焼いてから冷ますと
カリッカリになるんだ！

カリッ

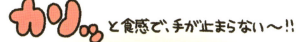

カリッと食感で、手が止まらない〜!!

かんせい

おつまみにも
Good！

アレンジ！

＋バジル 少々
香りがよい〜
スーッ
ハーッ

＋黒こしょう 少々
ピリッと
辛い!!

＋ごま 少々
かむほどに
よい味わい
もぐ
もぐ

＋カレー粉 少々
スパイシー!!
スリ…
スリ…

おからで絶品！アップルクランブルケーキ

バター生地を焼いたら食感の楽しいクランブルに!?

材料
（牛乳パック型1個分／2人分）

A
- 薄力粉…30g
- 砂糖…10g
- バター（冷たいまま）…10g

■ リンゴ…1/2個（150g）
■ ナッツ…25g

B
- 生おから…50g
- 砂糖…40g
- 卵…1個
- バター（溶かす）…25g

B
- 牛乳…20cc
- レモン汁…3cc
- シナモン…少々
- バニラエッセンス…少々

1

まずは牛乳パック型を作るよ～！

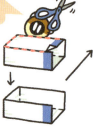
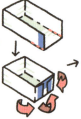

①上の部分を切り取る ②側面を1面切り取る ③切り込みを入れ折る ④ホチキスでとめる

側面と底に軽く油を塗って、クッキングシートを敷こう！

フライパンに入れた時にフタが閉まらなかったら高さを調節してあげてね

2

ボウルに**A**を入れて指先ですり混ぜ、そぼろ状にする。それをフライパンに入れ、こんがり焦げめがついてカリカリになるまで中火で焼こう！

粉っぽくてそぼろ状にならなかったらバターを足してみて！

ただバターが多すぎると大きな塊になっちゃうので気をつけて！

ポロポロ

焼きあげたクランブルはそのままにして、冷まそう！

アチチ！ アチチ！ アチチ！

ホワイトチョコで濃厚！チーズクランブルケーキ

濃厚チーズケーキとザクザククランブルの相性が絶品です！

材料
（牛乳パック型1個分／2人分）

A:
- 薄力粉…30g
- 砂糖…10g
- バター（冷たいまま）…10g

- ビスケット…35g
- バター（溶かす）…20g
- クリームチーズ…100g
- 砂糖…20g

- ホワイト板チョコ…1枚（40〜50g）
- 卵…1個

1

P38のアップルクランブルケーキを作る時に紹介した型を使用するよ〜っ

ボウルにAを入れて指先ですり混ぜ、そぼろ状にする。それをフライパンに入れ、こんがり焦げめがついてカリカリになるまで中火で焼こう！

よっ！よっ！

ガッシャガッシャ

状態に合わせてバターの量を調節してね

おもい〜っ

2

ビスケットをビニール袋に入れ、細かく砕いて粉々にしたら、溶かしたバターを加えてよく混ぜる。それを牛乳パック型にギュッギュッと押しながら敷き詰め、冷蔵庫に入れて冷やそう〜！

スプーンの背を使ってギュッギュッと押そう！

ていっ！

ギュッギュッ

刻んで煎ったアーモンドやくるみを20g位加えると美味しさがUP!!

頑張れ〜っ
頑張れ〜っ

3 ボウルに常温に戻したクリームチーズと砂糖を入れてよく混ぜる。湯せんして溶かしたホワイト板チョコと卵を加え、更に混ぜよう。

4 2の牛乳パック型に3を流し入れ、フライパンにのせてフタをして、極弱火で20分焼く。1のクランブルをまんべんなくふりかけ、フタをして更に10分焼いたら、完成〜!!

サクッ！ポリッ！カンタン！かりんとう

実は意外と手軽なかりんとう。お好みの味に仕上げて！

材料（2～3人分）

A
- 薄力粉…100g
- ベーキングパウダー…3g
- 塩…少々
- 卵…1個

- サラダ油…適量
- 砂糖…60g
- 水…20cc
- ごま…適量

1

ボウルにAを入れて、よく混ぜよう～！

卵の大きさによっては水分が足りないことも…もしもパサパサでまとまりが悪かったら水を少し足してみて！

ごまを練り込んでも美味しいよ♪

2

ラップの上に生地を出し、めん棒などで厚さ3mm程にのばす。更に包丁で幅3mmくらいに切るよ。

揚げるとだいぶふくらむ～

仕上がりを太めにしたいなら、もう少し大きく切ってもOK！

棒状以外に輪っかや、平たい形にしてもかわいい

こんな感じで両端をくっつける！

3

フライパンにサラダ油を1～1.5cm深さに入れて、低温（菜箸を入れると細かい泡がゆっくり上がってくるくらい！）に熱し、2を入れてキツネ色になるまで揚げよう～！ だいたい3回にわけて揚げるとちょうどいいよ。

鍋よりフライパンで作る方が油が少なくすむのでよいよ～！

はじめから高温で揚げると焦げちゃう…

ポリポリが止まらない！いもけんぴ

風味豊かでしっかりポリポリないもけんぴが完成！

材料 (2〜3人分)
- さつまいも…小1本(300g)
- サラダ油…適量
- 砂糖…60g
- 水20cc
- ごま…適量

1

かなり細い方がポリポリに仕上がって美味しいよ〜！

3mm幅くらい！

さつまいもを細切りにして、水にさらすよ。

ボウルに水を張って切ったいもを入れよう！

アクが出てくるので何度か水をかえてね！

2

さつまいもの水気をキッチンペーパーでよく拭き取ったら、フライパンにサラダ油を1〜1.5cm深さに入れて熱し、低温でじっくり揚げる。キツネ色になったら、キッチンペーパーを敷いた皿などに出そう〜！

低温から揚げないと、まわりだけ焦げてしまって中まで火が入らない…

水気をきらないと油がはねる〜っ

point: 揚げはじめは、あまり菜箸でかき混ぜないこと!!

うぉぉ…粉々のいもけんぴになってきたぞ…

いもがやわらかいうちに混ぜるとポキポキに折れちゃうんだ…

3章 とろ〜り とろける おやつ

とろ〜り口溶けがたまらない！
焼かないケーキや
材料2つのアイスなど、
とにかくカンタンに作れるよ。

焼かない！カンタン！生チョコレートタルト

混ぜて冷やすだけ！ 焼かずにしっとり濃厚なタルトの完成！

材料 (直径16cmタルト型1個分)

- クッキー…12枚(90g)
- バター…30g
- 板チョコ…3枚(約150g)
- 牛乳…40～45cc
- ココアパウダー…適量

1 クッキーをビニール袋に入れ、細かく砕いて粉々にしたら、溶かしたバターを加えてよく混ぜる。それをタルト型にギュッギュッと押しながら敷き詰め、冷蔵庫に入れて冷やそう～！

バターはレンジでチンしよう～！

焼かない！カンタン！カスタードチーズタルト

焼かないタルトに果物をのせれば、豪華なケーキに！

材料（直径16cmタルト型1個分）
- クッキー…12枚(90g)
- バター…30g
- クリームチーズ…100g

A
- 卵黄…1個分
- 砂糖…25〜35g
- 牛乳…125cc

- 薄力粉…12g
- 桃缶…1缶

1

クッキーをビニール袋に入れ、細かく砕いて粉々にしたら、溶かしたバターを加えてよく混ぜる。それをタルト型にギュッギュッと押しながら敷き詰め、冷蔵庫に入れて冷やそう〜！

2

ボウルに常温に戻したクリームチーズとAを入れてよく混ぜたら、薄力粉を加え、ダマにならないようにサックリと混ぜるよ。

クリームチーズはレンジで20秒くらいチンして軽く混ぜてから使うとよいよ〜!!!

薄力粉を入れたら、ゴムベラで混ぜよう！

切るように〜
切るように〜

3

フライパンに2の生地を入れて弱火にかけ、ヘラで練るよ。少し固めのカスタードになったら、火を止めて冷まそう〜！

焦げないように弱火で！弱火で！

頑張れ〜頑張れ〜

温かいうちは、クリームがやわらかいけれど、冷めると多少固くなるよ〜

4 1のタルト型に3のクリームを流し入れ、くし型に切った桃を飾りつけ、冷蔵庫で更に十分に冷やす。そーっと型から外したら、完成！

まん中が高くなるようクリームを盛る

クリーム
こういう形に！

↓

外側から円を描くようにフルーツを飾りつけしていく

同じ向きに桃を置いていくとキレイに盛りつけられるよ〜

↓

冷蔵庫で十分に冷やし固めたら、そーーっと型から外して完成です！！！

わーい!!!

いただきまーす!!

かんせい

こんなに**ゴージャス**なケーキができちゃう

うんしょー
うんしょー

中のクリームとタルトの相性がバツグン…!!

材料2つでフワフワ〜 チョコアイス

生クリームも砂糖も使わないお手軽絶品アイスだよ！

材料 (2〜3人分)
- 卵…2個
- 板チョコ…1枚(50〜60g)

1 卵を卵白と卵黄にわけて、それぞれボウルに入れよう。

卵白担当！ 卵黄担当！

2 板チョコを湯せんで溶かしたら、卵黄のボウルに入れて混ぜる！

一気に長く加熱すると、チョコが分離してしまうので気をつけて〜!!
余熱で溶かすイメージで！

湯せんが面倒だったら細かく割ったチョコを、レンジで1分加熱してスプーンで混ぜる！
更に30秒ずつ追加加熱しながら混ぜ溶かしてみて〜

3 卵白を泡立て、しっかりとしたメレンゲを作ろう。

塩はたんぱく質を固める力があるので、ほんの少し加えると安定したメレンゲを作れるよ！
試してみてね〜

ちなみにレモン汁にも同じ力があるよ！

フワフワ濃厚!

クリーミーチーズジェラート

濃厚さを楽しみたいなら、こちら!

材料 (2〜3人分)
- 生クリーム…100g
- 砂糖…40g
- クリームチーズ…100g

さっぱりヨーグルトジェラート

さわやかな口溶けがたまらない〜!

材料 (2〜3人分)
- 生クリーム…100g
- 砂糖…50g
- ヨーグルト…150g

混ぜて冷やすだけ！プルプル豆花

台湾スイーツの豆花(トウファ)はカンタン&ヘルシー！

材料 (2〜3人分)
- 粉ゼラチン…5g
- 水…30cc
- 豆乳…400cc
- 砂糖…20g
- 黒みつ…好きなだけ

1

ダマにならないようにまんべんなく混ぜようっっ

粉ゼラチンは水でふやかしておく。

だいぶゆるゆるの固さだよ！もう少し弾力が欲しい時は豆乳を350ccに減らしてみて〜

カチャカチャ

2

豆乳と砂糖を鍋に入れて弱火で熱し、よく混ぜたら1を加え、完全に溶かそう〜！

スリスリ

無調整豆乳、調製豆乳どちらでもOK!!
ぼくは調製豆乳で作っているよ〜

無調整豆乳
…大豆固形分8%以上
　大豆たんぱく質3.8%以上
（大豆独特の風味、後味が強い）

調製豆乳
…大豆固形分6%以上
　大豆たんぱく質3.0%以上
（砂糖、塩、食用植物油脂などを必要最小限加えて飲みやすくしてある）

沸騰させないように、弱火で加熱してあげて下さい

豆乳は沸騰させると分離してしまうんだ…

特に無調整の方が分離しやすいよーっっ！

焼かない！ふるふる！カスタードチーズケーキ

フライパンもオーブンも不使用。ひんやり＆さっぱりケーキ！

材料（牛乳パック型1個分／2～3人分）
- ビスケット…35g
- バター…20g
- A [クリームチーズ…60g / 砂糖…20g / ヨーグルト…60g]
- 卵…1個
- 砂糖…15g
- 牛乳…60cc
- 粉ゼラチン…5g
- 好みのフルーツ缶…1缶

P38のアップルクランブルケーキを作る時に紹介した型を使用するよ！！

P38へ急・げーっ！急・げーっ！

1

ビスケットをビニール袋に入れ、細かく砕いて粉々にしたら、溶かしたバターを加えてよく混ぜる。それを牛乳パック型にギュッギュッと押しながら敷き詰め、冷蔵庫に入れて冷やそう～！

スプーンの背を使ってギュッギュッと押していこう！

終わったら冷蔵庫に入れて冷やしてあげれば、バターが固まってしっかりとした土台になるよ～

2

ボウルにAを入れ、よく混ぜよう（ボウルA）。

別のボウルに卵を入れて溶きほぐし、砂糖を入れてよく混ぜておこう（ボウルB）。

クリームチーズは軽くレンジでチンして砂糖とよく混ぜてからヨーグルトを加えよう！

そうすればダマになりにくいよっっ

てぃっっ

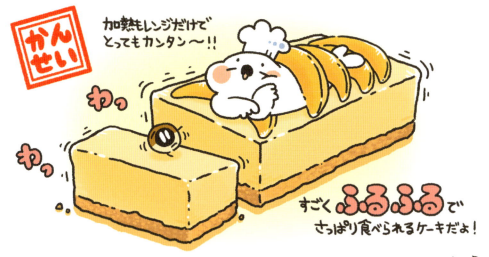

4章 しっとり濃厚なおやつ

濃厚なスイーツが
食べたい時は、
ここをチェック！
チョコレートや
おいもを使った
レシピがいっぱいあるよ。

生クリーム不使用のお手軽生チョコレート

生クリームを使わず、牛乳でできちゃうから、気軽に作れる！

材料（9個分）
- 板チョコ…1枚（50〜60g）
- 牛乳…15cc
- ココアパウダー…適量

1 チョコは加熱しすぎると分離するので、必ず火を止めてから溶かしてね〜

板チョコを細かく刻み、湯せんして溶かそう。

なるほど…なるほど…

2 牛乳を電子レンジで10秒程チンして1に加えて混ぜたら、クッキングシートを敷いた容器に流し入れて、冷蔵庫で冷やすよ。

3 固まったら包丁で9等分にカットし、茶こしなどでココアパウダーを均等にふりかけ、完成!!

小麦粉不使用！ホワイトチョコチーズケーキ

ホワイトチョコとチーズの組み合わせはぼくのイチオシ！

材料（牛乳パック型1個分／2〜3人分）
- クリームチーズ…100g
- 砂糖…20g
- ホワイト板チョコ…1枚（40〜55g）
- 卵…1個
- 粉砂糖…適量

P38のアップルクランブルケーキを作る時に紹介した型を使用するよ!!

1

まずは常温に戻したクリームチーズに砂糖を加えて、よくすり混ぜよう〜！

先にクリームチーズと砂糖だけで混ぜておくと、ダマになりにくい

レンジで20秒くらい加熱しておくと、すごく混ぜやすいよ〜

オススメ〜

そこに湯せんで溶かしたホワイト板チョコと卵を加えて、更によく混ぜる！

湯せんが面倒だったら細かく割ったチョコをレンジで1分加熱してスプーンで混ぜる！
更に30秒ずつ追加加熱しながら混ぜ溶かしてみて〜!!

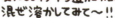

2

牛乳パック型に**1**を流し入れ、フライパンにのせてフタをして、極弱火で20〜30分焼くよ。

あちち!!

竹串を刺して、生地がついてこなければOK!

表面が生っぽくても冷やすと固まるよ!

3

冷蔵庫で十分に冷やしたら、仕上げに粉砂糖をふりかけて、完成!!

ケーキを切る時に包丁を40℃くらいのお湯で温めて、水分をよく拭き取ってから使うとよく切れるよ〜

ぱた
ぱた

濃厚にしたいのなら、チョコの量を2倍に増やしてみてね〜

かんせい

しっとり

ンンンまい〜‼

小麦粉を使用しなくても美味しいケーキが作れる!

作業時間は20分！クリームチーズでティラミス

マスカルポーネではなく、身近なクリームチーズで作ってもンンンまい〜！

材料（ココット4個分）
- 生クリーム…50g
- A｛クリームチーズ…50g／砂糖…10g／牛乳…10cc｝
- 水…20cc
- インスタントコーヒー…小さじ1
- 砂糖…5g
- カステラ（ビスケットでも可）…適量
- ココアパウダー…適量

1 ボウルに生クリームを入れて、泡立てよう。

ツノが立つくらいまで固く泡立てよう〜！

ウォォォ…

わはばっ！ツノ〜っ！

2 別のボウルにAを入れて混ぜたら、1を加えてサックリ混ぜる。

クリームチーズはレンジで30秒加熱してから使うと混ぜやすいよ！

ラム酒を少々加えても美味しい〜！

3 耐熱のコップに水を入れて、15秒チン！そこにインスタントコーヒーと砂糖を入れて溶かすよ。

濃いめが好きな方は、もう少しインスタントコーヒーの量を増やしてみてね

4

ココットにカステラを半分弱の高さまで敷き詰め、**3**を染み込ませる。その上に**2**のクリームを流し入れ、冷蔵庫に入れてしっかり冷やそう。食べる前にココアパウダーをふって、完成〜!!

フライパンでできちゃう！しっとりブラウニ〜！

一度にたくさんできるので、プレゼントにもオススメだよ。

材料（フライパン1個分）
- 卵…2個
- 砂糖…40g
- 牛乳…15cc
- 板チョコ…2枚(100g)
- バター…50g
- ラム酒…好みで少々
- くるみ…50g
- 薄力粉…50g
- ココアパウダー…10g
- ベーキングパウダー…3g

1
器に卵、砂糖、人肌に温めた牛乳を入れて混ぜる。別の器に刻んだ板チョコ、バター、ラム酒を入れ、湯せんしながら混ぜる。

牛乳は電子レンジで10〜15秒チンすればすぐ人肌に温まるよ〜！

ラム酒が苦手なら入れなくてOK！

ぼくは好きだからこれよりも多めに入れちゃう〜

2
くるみを包丁で刻み、フライパンに入れて弱火でローストするよ。

ローストすることでカリッとした食感や香ばしさが出て美味しくなるんだ それに、ポリフェノールの量が倍近くUPするのでオススメ〜

ふるっておくとダマになりにくくなるんだ

粉ふるいは、100円均一でも、売っているよ〜！

薄力粉、ココアパウダー、ベーキングパウダーを一緒にふるっておこう。

3
ボウルに1の卵液と湯せんしたチョコレートを入れてよく混ぜ、なめらかになったら2のローストしたくるみと粉類を加え、サックリ混ぜよう！

卵液とチョコレートがしっかり混ざって、光沢が出てきてから粉を加えよう〜♪

ヘ〜♪

粉を入れてからは、ダマにならないようにゴムベラで切るように混ぜてあげてね

しっとり！ミルキーな いもようかん

牛乳を加えて、とってもミルキーで濃厚な仕上がり！

材料（中1本分／2人分）
- 皮をむいたさつまいも…500g
- 水…100cc
- 粉寒天…4g
- 牛乳…100cc
- 砂糖…50g
- 塩…軽〜く2つまみ

1 皮をむいたさつまいもを輪切りにして水にさらしたら、耐熱皿に入れる。電子レンジで7〜8分加熱したら、熱いうちにマッシャーで潰し、裏ごししよう。

裏ごしすると、とってもよい口当たりに！
逆に裏ごしせずに粗めに潰した状態で作ると、おいもの食感が楽しい仕上がりに！！

冷めてから裏ごしすると、すごく力が必要になるので、温かいうちにしよう〜

2 鍋に水と粉寒天を入れ、弱火で煮溶かし、2分間沸騰させる。

そこに1のいも、電子レンジで30秒加熱した牛乳、砂糖と塩を加え、よく混ぜながら加熱してね。

水と粉寒天を2分間沸騰させるのが成功の秘訣!!

甘さは控えめにしてあるので、お好みで砂糖を足してね〜

寒天が固まらない原因

- 寒天が完全に溶けていない → 2分間沸騰させて溶かす
- 牛乳やジュースに寒天を溶かした → まずは水で溶かす
- 寒天液に牛乳やジュースを加えたら分離した → 牛乳やジュースを常温、または人肌に温める

フライパンでお手軽！かぼちゃチーズケーキ

蒸し焼きなので焦げる心配も無く、短時間でできちゃう！

材料（ココット5個分）
- 皮をむいたかぼちゃ…80g
- 牛乳…70cc
- クリームチーズ…80g
- 砂糖…30g
- 卵…1個
- 薄力粉…15g
- オレオ（ココアクッキー）…40g

1 かぼちゃを一口大に切って電子レンジで3分チン！マッシャーでよく潰して、牛乳と合わせる。

冷めると潰しにくくなるので温かいうちがチャンス〜

ちょっと大変だけど、裏ごしをするとなめらかな仕上がりになるよ！

2 常温に戻したクリームチーズに砂糖を加えてよく混ぜたら、1、卵、薄力粉を加え、ダマにならないように更に混ぜる！

フードプロセッサーがあるのなら1と2の材料を全部入れて一気に混ぜてしまえば楽チン！

3 オレオを大きめに砕いてココットに入れ、2を流し入れよう。

クリームをサンドしてあるものもそのまま使って大丈夫だよ〜っ

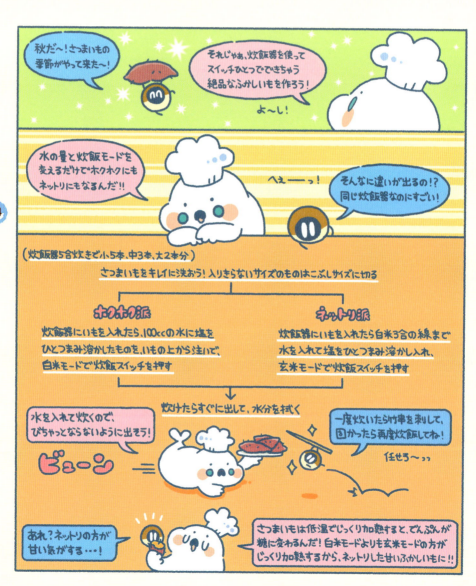

もっちもちフワフワ〜！豆腐パンケーキ

豆腐を入れると驚くほどもっちり＆ボリューミーに！

材料（小4枚／2人分）
- 絹豆腐…150g
- ホットケーキミックス…150g
- A
  - 牛乳…50cc
  - 砂糖…20g
  - 卵…1個

1 ボウルに潰した豆腐とAを入れて混ぜ、なめらかになったらホットケーキミックスを加え、更に混ぜよう！

ホットケーキミックスが無くても大丈夫！

薄力粉120g、砂糖15g、片栗粉10g、ベーキングパウダー5gで代用できるよ
これできっちり150g分！

香料が入っていないのでバニラエッセンスを少量加えてあげるとよい香りに！

スリスリ…

2

まずは強火でフライパンを熱してから…

一度ぬれ布巾にのせて、粗熱を取るよ！

1秒くらいかなぁ！

ジューッ

3

火を弱火にしてじっくり焼いていくよ！生地をフライパンに流し入れて焼き、プツプツと泡が出たら、裏返して焼き色がつくまで焼こう〜!!

ポーン

こうすることでムラのないキレイなパンケーキが焼けるんだ！

かんせい

豆腐の香りは全く気にならない〜！

もぐもぐもぐもぐ

うぉぉ…

ぱさぱさしてない!!
と〜っても しっとり

ノンエッグで更にもっちり 豆腐パンケーキ

卵アレルギーの方でも安心して、美味しく食べていただけるよ！

材料		
(小4枚／2人分)	■ 絹豆腐…150g	■ 牛乳…90cc
	■ ホットケーキミックス…150g	■ 砂糖…20g

1

こちらの豆腐も水切り無しで作ってね！

ボウルに潰した豆腐とホットケーキミックス、牛乳、砂糖を入れ、混ぜよう。

あっ…HELP…

ホットケーキミックスを加えたら混ぜすぎず、早めに焼こう！ふくらまなくなっちゃう…

2

あちーっ

ポーン

焼いている途中は絶対に押さえつけないこと！

強火でフライパンを十分に熱し、一度ぬれ布巾にのせて粗熱を取ったら、火を弱火にしてじっくり焼いていこう！生地をフライパンに流し入れて焼き、プツプツと泡が出たら、裏返して焼き色がつくまで焼いてね！

大きいパンケーキを1枚焼くよりも小さいパンケーキをいくつか焼いた方がよくふくらむんだ〜

大きいと重みで高さが出ない…

かんせい

卵を入れないので白っぽい仕上がりになるよ！

ギュ〜

モチ モチ

材料2つ！カンタン！モチモチ豆腐ドーナツ

豆腐と粉だけでしっかりドーナツ！ 中にソーセージやチーズを入れても！

材料（15〜20個分）
- 絹豆腐…150g
- ホットケーキミックス…150g

ボウルに潰した豆腐とホットケーキミックスを入れ、混ぜる。

豆腐は水切りなしでOK！
粉を加えた後は混ぜすぎないでね！

甘さ控えめなのでお好みで砂糖を足して下さい

2

鍋にサラダ油（分量外）を入れて170度に熱し、スプーンを2本使って生地を500円玉サイズに丸めて落として、キツネ色になるまで揚げていこう！

フライパンに油を少なめに入れても作れるよ！

油の温度の目安

- 低温（150〜160℃）
  菜箸の先から泡がポツポツと出てくる
- 中温（170〜180℃）
  菜箸の先から細かい泡がシュワシュワ〜っと出てくる
- 高温（180〜190℃）
  油に浸っているところから泡が勢いよく出てくる

3

キッチンペーパーの上に取り出して油を切ったら、皿に盛りつけ、好みで粉砂糖（分量外）をふって完成〜!!

粉砂糖にココアパウダーや抹茶パウダーを加えるといろいろな味を楽しめるよ！

生地自体にパウダーを混ぜれば豆腐の香りも気にならなくて、よい〜

練乳をたっぷりかけても美味しいっ

チョコレートでコーティングするとすごく、ぼくっぽい!! わはは!!

ノンオイル・モッチモチ きなこホワイトチョコカップケーキ

きなこの香りと濃厚なホワイトチョコがベストマッチ！

材料（5～6個分）
- 絹豆腐…150g
- きなこ…20g
- 薄力粉…70g
- 砂糖…40g
- ホワイト板チョコ…20～30g
- 卵…1個
- ベーキングパウダー…3g

1

ボウルに豆腐と砂糖を入れてよく混ぜたら、卵ときなこも加え、更に混ぜる。

先に豆腐と砂糖だけで混ぜることで豆腐が上手くペースト状になって上手に混ざるんだ!!

まぜまぜ

ナルホド～ッ

2

ゴムベラでサックリと！ダマにならないように！

1に大きめに刻んだホワイトチョコレート、薄力粉、ベーキングパウダーを加え、サックリ混ぜてね。

チョコは手で割ってもOK～ッ

上の部分を1/3切り取った紙コップに生地を流し入れよう！

カポッ　トロ～

紙コップを3等分する　1/3を切り取る！　7～8分目まで入れる

P22のレモンマフィンを作った時の型と同じものを使用するよ～

豆腐の力でずっとモチ！かわいい手まりすあま

水の代わりに豆腐の水分で生地をこねることでずっとモチモチに！

材料（ミニサイズ7個分）

A：上新粉…30g／砂糖…30g
A：白玉粉…30g／絹豆腐…100g
■ 食紅…ほんの少し
■ 片栗粉…適量

1
大きめの耐熱深皿にAを入れて、よくよく混ぜよう。

甘さ控えめなので砂糖はもっと増やしてOK〜！

豆腐は水切りしなくてよいよ〜

2
1を電子レンジでラップをせずに1分加熱したら取り出して、よく混ぜる。これを3回繰り返そう！

わあああーっお餅になってきた。

まぜまぜ

スプーンなどが混ぜやすいよ！

3

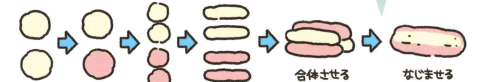

2を2等分して、片方は食紅を混ぜてピンク色にする。下の図のように2つを組み合わせ、1本の棒状にしてね。

| 2等分する | 片方を着色する | 更に2等分する | 棒状にする | 合体させる | なじませる |

うおおぉ〜っ

水を手につけながら作業してね…

4

まな板に片栗粉を広げ、その上で転がして全体にまぶし、手で絞るように7等分しよう！

コロコロ　ぐっ　コロン

片栗粉を全体にまぶす　　絞るように、7等分する

絞ったら、まんまるに形を整えて、完成ーっっ
よしよし

かんせい

ころころかわいい手まりすあま！
お茶請けにもよいですっっ

ズモモ..　モフ..

豆腐でプルプル～シナモンかぼちゃケーキ

豆腐パワーでしっとりプルプルな新食感ケーキに！

材料（牛乳パック型1個分／2〜3人分）
- 皮をむいたかぼちゃ…160g ┐
- 薄力粉…25g   │A
- バター…10g   │
- 絹豆腐…80g   ┘
- 卵…1個   ┐A
- 砂糖…25g   │
- シナモン…適量   │
- バニラエッセンス…少々   ┘

P38のアップルクランブルケーキを作る時に紹介した型を使用するよ!!

1

豆腐は水切りなしでOKだーっっ

うぉ!?ぼくくん!?

シナモンはちょっと多いかな??くらいの方が香りがよいのでオススメ〜

かぼちゃを一口大に切って、電子レンジで5〜6分程チンしたら、Aを加えてよく混ぜよう〜！

2

1に薄力粉を加えてゴムベラでサックリ混ぜたら、牛乳パック型に流し入れるよ。

かぼちゃと豆腐によって水分量が違うので、牛乳で調整してあげて下さいっっ

プルプル食感!! 豆腐チョコケーキ

バターも油も使わないので体にやさしい！ とっても美味しい！

材料 （牛乳パック型1個分／2〜3人分）

- 絹豆腐…150g
- 砂糖…40g
- くるみなどのナッツ…20g

A
- 牛乳…20cc
- ココアパウダー…20g
- 薄力粉…20g

P38のアップルクランブルケーキを作る時に紹介した型を使用するよ!!

キミ！キミ！今回大活躍だね〜っっ

1

ボウルに豆腐と砂糖を入れてよく混ぜたら、刻んで煎ったナッツとAを加えて、更に混ぜよう〜！

豆腐は水切りなしでOKだーっっ

ナッツ類は煎った方が香ばしくて美味し…ぶわっっ！

みたらし団子　うま辛焼き団子

材料（小12個分）
- 炊いたごはん…200g
- 水…10cc
- 片栗粉…10g
- 砂糖…15g

みたらし団子

1 砂糖はお好みで調節してね～っ

片栗粉と砂糖を水で溶いたらごはんと合わせて密閉式保存袋などに入れて、よくこねて…

2 手に水をつけながら丸めてね～っっっ

1を12個の団子状にまとめたらフライパンで焦げ目がつくまで焼いていこう～！

3 しょうゆ大さじ1、砂糖20g、みりん大さじ1、片栗粉10g、水80ccを混ぜたものをフライパンで弱火で熱しながらタレを作り皿に出した2にかければ完成～っっ！

うま辛焼き団子

1 ごはんは粒を残しても、全て潰しても！お好みで！

強くこねると袋が破れるので気を付けてね～

2 テフロン加工のフライパンなら、油を引かなくてもくっつかない！

3 一度火を消して、しょうゆ適量と、七味を好みの量ふりかけて、弱火で少ししょうゆが焦げるまで焼けば完成～っっ！

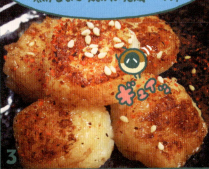

甘味噌がンンンまい〜五平餅

材料（4個分）
- 炊いたごはん…300g
- 片栗粉…小さじ2
- 赤味噌…大さじ2
- 砂糖…大さじ2
- みりん…大さじ1
- しょうゆ…大さじ1
- 白ごま…大さじ1〜2

温かいごはんをビニール袋に入れたら片栗粉を加え、潰しながら混ぜよう！

片栗粉は入れなくてもよいけれど、入れるとモッチリ感がUPするよっっ

小判型に4等分したら、薄く油を引いたフライパンに並べ、両面を弱火で5分ずつ焼き焦げ目をつけたら、

はじめはフライパンにくっついちゃうんだけど焦げてくるうちに自然とはがれてくるよ！

味噌、砂糖、みりん、しょうゆ、白練りごまを混ぜたタレをごはんの表面に塗り、割り箸を刺せば完成！（割り箸は無くてもOK！）

お好みで、オーブントースターに入れ味噌の部分を焦がすと香ばしくてンンンまい〜っっ！

ねぎ味噌や、しょうゆを塗っても！

って！まだ他にもレシピ紹介するよっっ

コラ…コラ…

STAFF

撮　影	ぼく
デザイン	五十嵐ユミ（Pri Graphics）
校　正	玄冬書林
編　集	森 摩耶（ワニブックス）

もっと！
ぼくのおやつ
フライパンとレンジで作れる
カンタンすぎる45レシピ

ぼく　著

2015年4月20日　初版発行

発行者	横内正昭
編集人	青柳有紀
発行所	株式会社ワニブックス
	〒150-8482
	東京都渋谷区恵比寿4-4-9　えびす大黒ビル
電　話	03-5449-2711（代表）
	03-5449-2716（編集部）
印刷所	株式会社 美松堂
製本所	ナショナル製本

定価はカバーに表示してあります。
落丁・乱丁の場合は小社管理部宛にお送りください。送料は小社負担でお取り替えいたします。
ただし、古書店等で購入したものに関してはお取り替えできません。
本書の一部、または全部を無断で複写・複製・転載・公衆送信することは
法律で認められた範囲を除いて禁じられています。

©boku 2014　ISBN978-4-8470-9338-8
ワニブックスHP　http://www.wani.co.jp/